LIBERDADE E NEUROBIOLOGIA

JOHN R. SEARLE

LIBERDADE E NEUROBIOLOGIA

Reflexões sobre o livre-arbítrio, a linguagem e o poder político

Tradução

Constancia Maria Egrejas Morel

Título original em francês: *Liberté et neurobiologie: réflexions sur le libre arbitre, le langage et le pouvoir politique*

Fundação Editora da Unesp (FEU)
Praça da Sé, 108
01001-900 – São Paulo – SP
Tel.: (0xx11) 3242-7171
Fax: (0xx11) 3242-7172
www.editoraunesp.com.br
www.livrariaunesp.com.br
feu@editora.unesp.br

CIP – Brasil. Catalogação na fonte
Sindicato Nacional dos Editores de Livros, RJ

S447L

Searle, John R., 1932-
Liberdade e neurobiologia: reflexões sobre o livre-arbítrio, a linguagem e o poder político / John R. Searle; Tradução Constancia Maria Egrejas Morel. - São Paulo: Editora Unesp, 2007.

Tradução de: Libertè et neurobiologie: réflexions sur le libre arbitre, le langage et le pouvoir politique
Inclui bibliografia
ISBN 978-85-7139-785-9

1. Livre arbítrio e determinismo. 2. Neuropsicologia. 3. Poder (Filosofia). 4. Linguagem e línguas – Filosofia. I. Título.

07-3440.

CDD: 123.5
CDU: 123.1

Editora afiliada:

SUMÁRIO

NOTA SOBRE OS TEXTOS

Os dois textos aqui apresentados correspondem à transcrição das conferências proferidas por John R. Searle em Paris, no início de 2001, a convite da Universidade Paris-Sorbonne (Paris IV) e da UFR (Unité de Formation et de Recherche) de filosofia e sociologia dessa mesma universidade, por iniciativa de Pascal Engel, dentro das atribuições do seminário da equipe de recepção "Racionalidades contemporâneas". O estilo oral dessas intervenções foi, sempre, conservado.

LIVRE-ARBÍTRIO E NEUROBIOLOGIA[1]

O problema do livre-arbítrio

A persistência do problema do livre-arbítrio, em filosofia, parece-me constituir uma espécie de escândalo. Após séculos de reflexão sobre o livre-arbítrio, a impressão é a de que ainda não progredimos muito. Haveria algum problema conceitual que seríamos incapazes de superar? Negligenciamos a consideração de alguns fatos? Por que alcançamos tão pouco progresso em relação aos nossos precursores?

De modo bem característico, quando nos encontramos diante de um desses problemas

---

1 Este artigo é a extensão de algumas das ideias apresentadas por ocasião de uma conferência realizada no *Royal Institute of Philosophy*, em fevereiro de 2001. Por sua vez, essa conferência foi baseada no artigo "Consciousness, Free Action and the Brain" (*Journal of Consciousness Studies*, v.10, n.10, out. 2000). Alguns dos argumentos adiantados no início desse artigo são desenvolvidos mais detalhadamente em meu livro *Rationality in Action* (MIT Press, 2001).

aparentemente insolúveis, constatamos que eles apresentam certa forma lógica. Por um lado, temos a crença ou um conjunto de crenças às quais pensamos não poder renunciar; por outro lado, temos a crença ou um conjunto de crenças que entram em contradição com as precedentes, mostrando-se tão restritivas quanto aquelas. O mesmo acontece com o antigo problema da relação entre mente e corpo. Cremos realmente que o mundo é em sua totalidade composto de partículas materiais que se movem nas áreas de forças, mas cremos igualmente que existe no mundo um fenômeno imaterial: a consciência. Para nós é uma dificuldade, pois não conseguimos associar o material e o imaterial em uma representação coerente do universo. O antigo problema da epistemologia cética lembra-nos de que, por um lado, conforme o senso comum, parece que conhecemos certo número de coisas no mundo, mas que, por outro lado, se possuíssemos efetivamente tal conhecimento, deveríamos então ter condições de fornecer uma resposta definitiva às questões céticas: "como sabemos que não estamos sonhando, que não somos apenas um cérebro flutuando dentro de um recipiente, em que gênios malignos se divertem conosco?". Ora, não conseguimos responder a altura, de maneira definitiva, a esses desafios céticos.

No caso do livre-arbítrio há um problema, pois acreditamos que as explicações dos fenômenos naturais devam ser completamente deterministas. A explicação do terremoto de Loma Prieta, por exemplo, não menciona apenas as razões pelas quais esse terremoto ocorreu, mas apresenta as razões pelas quais esse fenômeno deveria necessariamente acontecer. Levando em consideração as forças que agiam nas placas tectônicas, não poderia ter ocorrido de outra maneira. Entretanto, se for preciso explicar certa categoria de comportamentos humanos, parece que, de maneira característica, o fato de agir "livremente" ou "voluntariamente" constitui, para nós, uma experiência que torna impossível recorrer às explicações deterministas. Quando eu voto em um candidato, ajo levado por determinada razão; no entanto, eu poderia muito bem votar em um outro candidato, todas as condições permanecendo idênticas. Levando em conta as causas que agem sobre mim, eu não seria obrigado a votar nesse candidato. Também quando explico minha ação em referência a uma razão, eu não evoco condições suficientes do ponto de vista causal. Assim, parece que estamos diante de uma contradição. Por um lado, fazemos a experiência da liberdade; por outro, temos dificuldade em renunciar à ideia de que todo acontecimento tem uma causa. As ações humanas são acontecimentos, portanto devem, como os terremotos ou as tempestades, remeter às explicações causais suficientes.

Quando conseguimos finalmente transpor as dificuldades expostas por esses problemas insolúveis, muitas vezes somos tentados a mostrar que o problema parecia insolúvel porque teríamos cedido às falsas pressuposições. No caso do problema da relação entre mente e corpo, o que nos incomodava era uma falsa pressuposição que se manifestava no próprio campo da terminologia em que o problema era apresentado. A terminologia do mental e do físico, do materialismo e do dualismo, do espírito e da carne contém uma pressuposição falsa que torna essas noções das categorias da realidade reciprocamente exclusivas – nessa perspectiva, nossos estados conscientes, sendo subjetivos, privados, qualitativos etc., não podem ser propriedades físicas, biológicas, ordinárias de nosso cérebro. A partir do momento em que conseguimos superar essa pressuposição – segundo a qual o mental e o físico ingenuamente concebidos são reciprocamente exclusivos –, penso que temos então a solução para o problema tradicional da relação entre mente e corpo. Eis o que acontece: todos os nossos estados mentais são causados por processos neurobiológicos que se produzem no nosso cérebro, em um nível superior ou sistêmico. Assim, ao sentir uma dor, essa dor é causada pelas sequências de encadeamentos neuronais, e a realização da experiência da dor se situa no âmbito do cérebro.[2]

A solução para a questão *filosófica* da mente e do corpo parece-me não criar mais problema. No entanto, apenas transfere a

2 Neste artigo, suponho que o nível funcional de explicação conveniente aos fenômenos mentais seja o neuronal. Poderia ser muito bem qualquer outro – microtúbulos, sinapses, mapas neuronais, grupos de neurônios etc. –, mas, seja como for, é irrelevante neste artigo. A única coisa que importa é que haja uma explicação neuronal.

dificuldade, transportando-a para o plano da neurobiologia e colocando-nos diante de um problema *neurobiológico*, que é, em compensação, particularmente difícil de ser resolvido. Como exatamente atua o cérebro e como os estados mentais aí se produzem? O que são esses processos neuronais que provocam nossas experiências conscientes e como essas experiências se concretizam nas estruturas do cérebro?

Talvez possamos transformar o problema do livre-arbítrio de maneira semelhante. Talvez analisando suficientemente o problema e pondo fim às diversas confusões filosóficas, constataremos que a dificuldade a ser superada nos conduza a uma interrogação sobre o modo de funcionamento do cérebro. Para atingir esse objetivo, preciso inicialmente esclarecer certo número de problemas filosóficos.

Comecemos por perguntar por que nos é penoso renunciar à convicção segundo a qual nós disporíamos de livre-arbítrio. Creio que essa convicção deva sua efetividade a algumas características essenciais da experiência consciente. Se levarmos em consideração atividades conscientes comuns, como pedir uma cerveja em um bar, assistir a um filme ou tentar preencher uma declaração de imposto de renda, descobriremos uma diferença espantosa entre o caráter passivo da consciência perceptiva e o caráter ativo daquilo que poderíamos chamar de "consciência volitiva". Por exemplo, se eu estiver em pé em um parque olhando uma árvore, há algo nessa experiência que não depende de mim, mas da maneira como o mundo é e de como é meu mecanismo perceptivo. Em compensação, se eu resolvo me afastar, levantar o braço ou coçar a cabeça, encontro no cerne dessas ações uma dimensão de liberdade, de vontade que não estava presente nas minhas percepções. Essa característica está ligada ao fato de que eu não capto as causas anteriores à minha ação sob a forma de razões, tais como as crenças e os desejos, estabelecendo as condições suficientes, sob ponto de vista causal, de minha ação. Podemos exprimir essa ideia de outra maneira: eu avalio que poderia muito bem tentar outras ações que não essas.

Isso nos parece muito claro, a partir do momento que consideramos o caso de uma tomada de decisão racional. Recentemente,

tive de escolher um candidato por ocasião da eleição presidencial. Suponhamos que eu tenha votado em George W. Bush. Teria tido certas razões para isso e outras tantas para me abster. Entretanto, é interessante constatar que, quando eu resolvi votar em Bush, baseando-me nessas razões e em nenhuma outra, e, mais tarde, coloquei a cédula Bush na urna, eu não captei as causas anteriores à minha ação como sendo condições fundamentalmente suficientes. As razões que me conduziram à decisão não me pareceram causalmente suficientes para impor a decisão, e a própria decisão não me pareceu causalmente suficiente para forçar a ação. Nessas situações típicas de deliberação e de ação, há, expondo de uma maneira rápida, um intervalo (*gap*) ou uma série de intervalos entre as causas que intervêm nas diferentes etapas da deliberação, da decisão, da ação e durante as etapas subsequentes. Se examinarmos o problema mais detalhadamente, podemos constatar que o intervalo pode ser dividido em vários segmentos. Observa-se um primeiro intervalo entre as razões que conduzem a uma decisão e a tomada de decisão.

Observa-se um outro entre a decisão e o começo da ação e entre as outras ações que se seguirão; quando eu aprendo alemão ou tento atravessar o Canal da Mancha a nado, há de fato um intervalo entre o começo da ação e sua realização final. Desse ponto de vista, as ações voluntárias e as percepções são muito diferentes umas das outras. É evidente que existe um elemento voluntário na percepção. Posso, por exemplo, resolver ver diferentes formas (pato ou coelho?) em uma imagem de duplo sentido; mas ao menos, para o essencial, minhas experiências perceptivas são determinadas causalmente. Essa é a razão pela qual o problema da liberdade da vontade nos é colocado, enquanto não temos o problema da liberdade da percepção. O intervalo que eu descrevia anteriormente é uma característica de nossas atividades conscientes e voluntárias. Em cada etapa, experimentamos estados conscientes que nos parecem insuficientes para impor o estado consciente seguinte. Assim, existe somente uma experiência contínua do intervalo, a qual pode, no entanto, ser dividida conforme as três diferentes espécies de manifestações, como propus acima. Existe um intervalo entre um estado consciente e o seguinte, e não entre estados constantes e movimentos corporais ou entre os estímulos físicos e os estados conscientes.

Essa experiência da liberdade da vontade é restritiva, e é a razão também pela qual os mesmos que, entre nós, pensam que ela não passa de uma ilusão, concordam, entretanto, que, de um ponto de vista prático, nós não podemos agir pressupondo-a como tal. Muito ao contrário, é preciso agir pressupondo a liberdade. Imaginemos que estejamos em um restaurante e que nos é proposto escolher entre carne de vitela e de porco. Temos de decidir. Nessa situação determinada, não podemos recusar exercer nosso livre-arbítrio, porque tal recusa só seria inteligível se víssemos nela a expressão de nosso livre-arbítrio. Assim, se você disser ao garçom "Olha, eu sou determinista – o que será, será – vou só esperar e ver o que vou pedir", isso apenas lhe será compreensível se nessa recusa você vir o exercício de seu livre-arbítrio. Kant já havia assinalado isso. Não podemos desviar de nosso livre-arbítrio. As experiências conscientes desse intervalo nos confortam pela convicção de que existe uma liberdade humana.

Voltemo-nos para outra direção e indaguemos a razão de estarmos tão convencidos do valor do determinismo; os argumentos a favor do determinismo parecem tão convincentes quanto os argumentos a favor do livre-arbítrio. O fato de considerar o mundo organizado causalmente constitui um elemento característico de nossa relação com ele. É possível explicar pela causalidade os fenômenos naturais que se produzem no mundo, e essas explicações causais estabelecem condições causalmente suficientes. Habitualmente, em filosofia, expressamos essa ideia afirmando que todo acontecimento tem uma causa. Essa formulação é demasiadamente geral para captar a complexidade da ideia de causação na qual nos apoiamos. A ideia de base é, no entanto, bastante clara. Nas nossas relações com a natureza, supomos que tudo que é produzido é resultante de condições de causalidade anteriores suficientes. E, quando explicamos algo por meio de uma causa, supomos que a causa evocada, *situada em seu contexto*, basta para produzir o acontecimento que estamos explicando.

Entretanto, no início do século XX, ocorreu uma mudança interessante. Descobriu-se que a natureza não era determinista no que se refere ao mais fundamental da física. Tivemos então de aceitar, no âmbito da mecânica quântica, explicações não deterministas. Entretanto, o indeterminismo quântico em nada nos ajuda a resolver o problema do livre-arbítrio, na medida em que esse indeterminismo parece introduzir o acaso no próprio centro das estruturas de base do universo e porque a hipótese seguinte, de que alguns de nossos atos se produzem livremente, difere completamente da hipótese segundo a qual esses atos se produziriam por acaso. Voltarei a esse ponto.

Observamos que certo número de tentativas procura explicar a consciência e mesmo o livre-arbítrio em termos de mecânica quântica. Se eu não li nada a respeito desse assunto, talvez pouco convincente, a discussão exige, entretanto, que nos lembremos de que, no que se refere às nossas teorias atuais do universo, somos levados a pensar que é possível considerar explicações não deterministas de fenômenos naturais. Essa possibilidade terá sua importância quando discutirmos mais tarde o problema do livre-arbítrio como problema neurobiológico.

Devemos inicialmente destacar que o problema do livre-arbítrio, como eu o apresentei, é relativo a certo tipo de consciência humana. Sem a experiência consciente do intervalo, isto é, sem a experiência consciente das características distintivas das ações livres, voluntárias e racionais, não haveria o problema do livre-arbítrio. São certas características de nossa consciência que nos dão a convicção de que dispomos de um livre-arbítrio. A questão é: se nos é concedido que façamos a experiência da liberdade, essa experiência é válida ou ilusória? Essa experiência corresponde a algo dentro da realidade, além da própria experiência? Devemos supor que nossas ações têm antecedentes causais. A questão é ainda: esses antecedentes causais são sempre suficientes para determinar a ação, ou eles deixam de ser em certos casos? Se esses casos existem, como justificá-los?

Façamos o inventário daquilo de que dispomos. De um lado, temos uma experiência da liberdade que, como eu a descrevi, depende da experiência de um intervalo.

O intervalo fica entre, de uma parte, as causas anteriores às nossas ações e nossas decisões livres, voluntárias e racionais, e, de outra parte, entre a tomada efetiva dessas decisões e o cumprimento dessas ações. Por outro lado, temos uma pressuposição ou uma suposição: a natureza é uma questão de acontecimentos que se produzem conforme as condições causalmente suficientes. O que nos leva a supor que é difícil explicar um fenômeno, seja ele qual for, sem apelar para tais condições.

Na presente discussão, vou supor que a experiência do intervalo em questão é válida do ponto de vista psicológico, isto é, vou supor que, para um bom número de ações humanas voluntárias, livres e racionais, os antecedentes puramente psicológicos da ação não são causalmente suficientes para determinar a ação. Por exemplo, foi o que aconteceu quando eu tive de escolher um candidato por ocasião da última eleição presidencial norte-americana. Sei que certas pessoas consideram verdadeiro o determinismo psicológico e que eu não propus, sem dúvida, sua refutação de maneira decisiva. No entanto, parece-me que a experiência psicológica da liberdade é tão essencial que seria absolutamente espantoso que no plano psicológico a percebêssemos somente como uma ilusão e que nosso comportamento fosse, do princípio ao fim, psicologicamente compulsivo. Evidentemente existem argumentos que se opõem ao determinismo psicológico, mas eu não os apresentarei aqui. Vou enfatizar a suposição de que o determinismo psicológico é falso e que o verdadeiro problema do determinismo não se produz no plano psicológico, mas em um plano neurobiológico mais fundamental.

Também não tratarei aqui de certo número de problemas célebres relativos ao livre-arbítrio. Eu apenas os mencionarei para colocá-los de lado. Não direi nada sobre o compatibilismo, isto é, a ideia segundo a qual o livre-arbítrio e o determinismo seriam perfeitamente compatíveis. Nas minhas definições, o determinismo e o livre-arbítrio não são compatíveis. A tese do determinismo afirma que todas as ações são precedidas por condições causais suficientes que as determinam. A tese do livre-arbítrio estabelece que algumas ações não são precedidas por condições causais suficientes.

O livre-arbítrio assim definido é a negação do determinismo. Não há nenhuma dúvida de que as definições dessas palavras podem ser trabalhadas a fim de que se tornem compatíveis, mas não é esse sentido que me interessa aqui. Não tratarei também da responsabilidade moral, embora possa haver aí vinculações interessantes a ser feitas entre o problema do livre-arbítrio e o da responsabilidade moral.

A ação da consciência sobre o corpo

Na medida em que o problema do livre-arbítrio se volta para os fatos causais relativos a certos estados de consciência, devemos explicar a maneira pela qual a consciência pode funcionar causalmente agindo sobre o corpo. Como um estado humano de consciência pode causar um movimento corporal? Uma de nossas experiências mais comuns é o ato de iniciar um esforço consciente para mover nosso corpo. Por exemplo, intencionalmente, eu levanto meu braço. Antes de mais nada, há um esforço consciente de minha parte, e pronto: o braço se levanta. Existe algo mais comum? O fato de que uma circunstância tão banal possa constituir um enigma filosófico sugere que cometemos um erro. Esse erro procede de nossa adesão à herança cartesiana das categorias do mental e do físico. A consciência parece muito leve, etérea e imaterial para poder agir sobre nossos membros. Como estava tentando explicar anteriormente, a consciência é uma característica biológica superior do cérebro. Para compreender como essa característica superior do cérebro pode ter efeitos físicos, examinemos como esse tipo de característica intervém no caso de fenômenos menos enigmáticos do ponto de vista metafísico.

Para ilustrar as relações entre as características superiores ou sistêmicas, por um lado, e os microfenômenos, por outro, quero relembrar o exemplo proposto por Roger Sperry. Tomemos o caso de uma roda que se precipita de uma colina. A roda é toda feita de moléculas. A solidez afeta o comportamento das moléculas individuais. A trajetória de cada molécula é afetada pelo comportamento deste todo que a roda constitui. Entretanto, aqui, é claro, só existem moléculas. A roda nada mais é do que um conjunto de moléculas. Também quando afirmamos que a solidez intervém causalmente no comportamento da roda e no comportamento das moléculas individuais que a compõem, não estamos dizendo que a solidez seja algo que se acrescente às moléculas, mas que corresponde sobretudo a uma condição na qual se encontram as moléculas. Para completar, a solidez é de fato uma característica real e tem efeitos causais reais.

Poderíamos, naturalmente, encontrar analogias que contestariam essa percepção da relação entre, de um lado, o relacionamento entre solidez e comportamento molecular e, de outro, o relacionamento entre consciência e comportamento neuronal. Voltarei a esse assunto, mas, no momento, gostaria de estender-me sobre a característica que acabo de ressaltar e sugerir que a analogia se aplica à relação entre consciência e cérebro. A própria consciência do cérebro pode ter efeitos no plano neuronal, embora o cérebro não seja constituído apenas de neurônios (com as células neurogliais, os neurotransmissores, o fluxo sanguíneo etc.). Da mesma forma que o comportamento das moléculas é causalmente constitutivo da solidez, o comportamento dos neurônios é causalmente constitutivo da consciência. Quando afirmamos que a consciência pode agir sobre o corpo, nós sustentamos que as estruturas neuronais agem sobre o corpo. A maneira como essas estruturas agem sobre meu corpo está ligada ao estado de consciência delas. A consciência é uma característica do cérebro da mesma forma que a solidez é uma característica da roda.

Custamos a admitir que a consciência possa ser apenas uma característica do cérebro, em parte por nossa tradição dualista, mas também porque temos a tendência de supor que se a consciência não pode ser reduzida a um comportamento neuronal, então ela deve ser algo que vem se sobrepor, algo que intervém "de cima e sobre" o comportamento neuronal. É evidente que a consciência, ao contrário da solidez, não é ontologicamente redutível a microestruturas físicas. Não é porque a consciência se sobrepõe, mas porque a consciência possui uma ontologia em primeira pessoa, uma ontologia subjetiva, e não pode, por conseguinte, ficar reduzida ao que quer que remeta a uma ontologia em terceira pessoa ou ontologia objetiva.[3]

Por meio dessa breve discussão, tentei explicar a maneira pela qual a consciência pode ter consequências causais "físicas" e as razões pelas quais não há nada de misterioso nisso. Minha intenção em ação

---

3 Para uma discussão mais abrangente, ver SEARLE, John R. *The Rediscovery of the Mind*. Cambridge, Mass.: MIT Press; London: Bradford, 1992. cap.5. (Ed. brasileira: *A redescoberta da mente*. São Paulo: Martins Fontes, 1997. [N.E.])

consciente provoca a elevação do meu braço. Mas é óbvio que minha intenção em ação é uma característica desse sistema que é meu cérebro, e que ela corresponde inteiramente, por essa razão, a um comportamento neuronal. A explicação que proponho não depende em nada de um reducionismo ontológico, porque nunca contesto o fato de que a consciência remete a uma ontologia não redutível em primeira pessoa. Em compensação, existe uma redução causal. O poder causal da consciência não se estende para além do poder das estruturas neuronais (e neurobiológicas).

A estrutura da explicação racional

Adiantei a ideia de que o problema do livre-arbítrio é relativo a certos tipos de estado de consciência. Se observarmos as diferentes espécies de explicação que oferecemos para ações que são manifestações do intervalo – em outras palavras, as ações que exprimem nossa experiência em uma tomada de decisão livre e racional –, constatamos que a estrutura lógica da explicação das ações reflete a experiência do livre-arbítrio. Resumindo, em razão mesmo do intervalo, as explicações que apelam para os processos racionais de tomada de decisões não são, elas próprias, deterministas do ponto de vista formal, como podem ser as explicações dos fenômenos naturais. Para formar um julgamento, comparemos as três explicações seguintes:

1. Peguei uma cédula com o nome Bush porque queria votar nele.

2. Tive dor de cabeça porque queria votar no Bush.

3. O copo caiu e se quebrou porque eu o deixei cair da mesa acidentalmente.

Entre esses exemplos, as proposições (1) e (2) parecem bem semelhantes quanto à estrutura sintática, e diferentes da terceira. Eu afirmaria, entretanto, que as proposições (2) e (3) são de fato idênticas do ponto de vista da estrutura lógica subentendida e, por essa razão, distintas da primeira. A (3) corresponde a uma explicação causal usual que afirma que um acontecimento ou estado causou um outro acontecimento ou estado. A forma lógica de (3) é simplesmente: "A causou B". Em compensação, a proposta (1) é completamente diferente. Não consideramos que as afirmações do tipo (1) implicam que o acontecimento descrito na cláusula antes do "porque" deveria acontecer, considerando o acontecimento seguinte ao "porque" e o contexto de conjunto. Não consideramos que (1) implica que meu desejo em votar no Bush era tal que me obrigou a pegar uma cédula Bush, isto é, que, considerando meu estado psicológico naquele momento, eu não poderia ter agido de outra maneira. As explicações que assumem essa forma podem, nesse momento preciso, fazer referência às condições causalmente suficientes, mas a própria forma da explicação não reclama tais condições. Se compararmos (1) e (3) com (2), tenho a impressão de que (2), assim como (3), se apoia sobre condições causalmente suficientes. A forma de (2) e de (3) é simplesmente: "A causou B". Nesse contexto, o estado do meu desejo em votar Bush era causalmente suficiente para provocar uma dor de cabeça.

Essa característica da explicação racional nos deixa, no entanto, diante de um enigma, até mesmo de uma contradição. Aparentemente, se a explicação não se refere às condições causalmente suficientes, na verdade ela não explica nada, uma vez que não responde à questão de saber por que se produz um acontecimento e não outro, que era igualmente possível em relação a essas mesmas condições anteriores. Responder a essa questão é um elemento importante da discussão sobre o livre-arbítrio, portanto vou me estender um pouco mais sobre isso.

Em relação à estrutura lógica, as explicações das ações voluntárias relativas às razões são diferentes das explicações causais ordinárias. A forma lógica das explicações causais ordinárias apresenta-se assim: "Um acontecimento A causou um acontecimento

B". Em função de contextos específicos, de forma característica, consideramos essas explicações adequadas porque supomos que, dentro desse contexto, o acontecimento A era causalmente suficiente para produzir o acontecimento B. Levando o contexto em conta, se A ocorreu, então B deveria ocorrer também. Em compensação, a forma da explicação estabelecida sobre um comportamento humano que se aplica ao fato que certa pessoa realizou o ato A tendo por base uma razão R, tem uma estrutura lógica diferente. Essa explicação não tem a forma "A causou B", mas a seguinte: "Fulano S realizou um ato A e, para essa ação, baseou-se em uma razão R". Em resumo, a forma lógica da explicação racional é completamente diferente das explicações causais habituais. A forma da explicação não pretende ressaltar as condições causalmente suficientes, mas designar a razão pela qual o agente agiu.

Se for assim, no entanto, obtemos um resultado estranho. Aparentemente, as explicações de ação racional exigem que postulemos a existência de um eu não redutível, um agente racional, além da sequência dos acontecimentos. De fato, se tornarmos explícitas duas suposições suplementares, em relação àquelas que já citamos, penso que podemos derivar a existência do eu.

Suposição (1): As explicações referentes às razões não concernem, em regra geral, às condições causalmente suficientes.

E

Suposição (2): Essas explicações podem adequadamente explicar as ações.

Como posso saber se a suposição (2) é verdadeira? Como posso saber se tais explicações podem ser – e muitas vezes são – adequadas? Porque, no meu caso, eu sei, na maioria das vezes, exatamente quais eram minhas razões ao começar uma ação, porque sei que uma explicação que menciona essas razões é adequada e porque sei que, ao agir, o fiz com base nessas razões e unicamente nelas. Devemos, naturalmente, pensar que possa existir uma série de problemas relativos ao inconsciente, ao autoengano (*self-deception*) e todas as outras razões desconhecidas e não reconhecidas da ação. Mas, se pensarmos nesse caso ideal em que eu ajo conscientemente com base em uma razão e em virtude do qual tenho consciência de saber imediatamente que agi com base em uma razão, logo a designação da razão como explicação da minha ação é perfeitamente adequada.

Fizemos também uma terceira suposição:

Suposição (3): As explicações causais adequadas designam as condições que, relativas ao contexto, são causalmente suficientes.

Essa suposição apenas explicita o princípio segundo o qual, a partir do momento em que uma afirmação causal deva explicar um acontecimento, ela deve então se referir a uma condição que, dentro desse contexto particular, seria suficiente para provocar o acontecimento a ser explicitado. Podemos tirar as seguintes conclusões das suposições (I) e (3):

Conclusão (I): Tidas como explicações causais ordinárias, as explicações pelas razões são inadequadas.

Se supuséssemos que as explicações pelas razões são explicações causais ordinárias, estaríamos diante de uma autêntica contradição.

Para evitar essa contradição, devemos concluir da seguinte maneira:

Conclusão (2): As explicações pelas razões não são explicações causais ordinárias.

Embora elas contenham um elemento causal, sua forma não é "A causou B".

Isso nos coloca diante de um problema. Como vamos explicar a adequação dessas explicações, se elas contêm um elemento causal e, no entanto, não são explicações causais habituais? Acho que a resposta não é difícil de ser encontrada. A explicação não oferece a causa suficiente a um acontecimento, mas especifica o modo como um eu racional consciente agiu com base em uma razão, o modo como um agente tornou efetiva uma razão baseando livremente nela seu agir. Quando enunciamos a forma lógica de tais explicações, essa última exige que postulemos um eu não redutível e não humiano. Assim:

Conclusão (3): As explicações pelas razões são adequadas porque explicam as razões pelas quais um eu agiu de certa maneira. Elas explicam por que um eu racional, agindo exatamente no centro do intervalo (*gap*) que nos interessa, iniciou essa ação em vez de outra, designando a base da razão sobre a qual o eu agiu.

Logo, há duas vias de acesso ao intervalo, um acesso experiencial e um acesso linguístico. Nesse intervalo, fazemos a experiência de nós mesmos como agentes livres, e a estrutura lógica das explicações que damos a nossas ações reflete essa experiência. Experimentamos a nós mesmos agindo como agentes racionais, e nossas práticas linguísticas empregadas na produção das explicações refletem o intervalo em questão (porque as explicações não mencionam condições causalmente suficientes); para se tornarem inteligíveis, essas explicações exigem que reconheçamos que deve haver aí uma entidade – um agente racional, um eu ou um ego – que age nesse intervalo (porque um conjunto humiano de percepções não permitiria perceber o caráter adequado das explicações). A experiência que fazemos de uma ação voluntária e a prática que consiste, para nós, em explicar nossas ações em referência a razões, remetem à necessidade de supor a operação de um eu não redutível e não humiano.

É evidente que essas explicações, a exemplo de qualquer explicação, suscitam outros questionamentos: por exemplo, por que certas razões são efetivas e outras não? Se, por exemplo, votei no Bush porque desejava uma melhoria do sistema educacional, a questão é saber por que eu queria essa melhoria. E por que essa razão era para mim mais imperativa do que as outras? Eu concordo: podemos sempre postergar a exigência de explicação, mas é preciso convir que é assim para qualquer que seja a explicação. Como nos lembra Wittgenstein, as explicações devem se interromper em algum momento e não há nada de inadequado em dizer que votei em Bush porque queria uma melhoria do sistema educacional. Mostrar que minha resposta pode provocar outras questões não a torna uma resposta inadequada.

Fazemos uma experiência consciente, em primeira pessoa, de agir com base em razões.[4] Enunciamos essas razões de agir sob a forma de explicações. Evidentemente, as explicações são completamente adequadas porque sabemos, no nosso caso, que se estiverem em sua forma ideal, nada mais é necessário. Em compensação, essas explicações só podem ser adequadas se as tratarmos como

4 Aqui, resumo rapidamente um argumento complexo que desenvolvi mais detalhadamente no capítulo 3 de meu livro *Rationality in Action* (2001).

explicações causais ordinárias, porque elas não se afirmariam como causalmente suficientes. Do ponto de vista da forma lógica, elas não são deterministas; e muito menos deterministas em sua interpretação. Como podemos perceber isso? Devemos observar que sua forma não é "A causou B", mas "Um eu racional S realizou um ato A e, para essa ação, baseou-se em uma razão R". Essa fórmula, entretanto, exige a postulação de um eu.

A conclusão (3) não procede, dedutivelmente, das suposições. O argumento, como nós o apresentamos, é um argumento "transcendental", segundo um dos sentidos que Kant dá a esse termo. Suponhamos um e outro fato e perguntemo-nos quais são suas condições de possibilidade. Eu sustento que a condição de possibilidade do caráter adequado das explicações racionais é a existência de um eu não redutível, um agente racional, capaz de agir com base em razões.

Examinemos mais uma vez nossa posição. Vimos, em primeiro lugar, que o problema do livre-arbítrio aparece em razão de uma característica especial, própria de certo tipo de estado de consciência humana, e vimos, em segundo lugar, que a fim de explicar nosso comportamento aparentemente livre, devemos postular uma noção não redutível do eu. De passagem, assinalo que é nesse ponto que se encontra a peculiaridade da filosofia: para resolver um problema, é preciso inicialmente resolver uma série de outros problemas. No momento, parece que, em vez de um problema, eu lhes ofereci três. Iniciamos com o problema do livre-arbítrio e agora confrontamos os problemas, todos relacionados, do livre-arbítrio, da consciência e do eu.

O livre-arbítrio e o cérebro

Faço agora a pergunta principal: de que maneira podemos abordar o problema do livre-arbítrio como problema neurobiológico? Suponho que, se o livre-arbítrio é uma característica do mundo e não simplesmente uma ilusão, logo deve haver uma realidade neurobiológica: características do cérebro devem estar no princípio do livre-arbítrio. Eu dizia anteriormente que a consciência é uma característica superior ou sistêmica do cérebro, causada pelos elementos inferiores, como os neurônios e as sinapses. Mas se isso for correto e se a experiência consciente do livre-arbítrio for neurobiologicamente real, qual seria o comportamento dos neurônios e das sinapses?

Mostrei que a solução filosófica do problema tradicional da relação entre mente e corpo consiste em destacar que todos os nossos estados conscientes são características superiores ou sistêmicas do cérebro, embora sejam, ao mesmo tempo, causados pelos microprocessos inferiores que se produzem no cérebro. No plano do sistema, temos a consciência, a intencionalidade, as decisões e as intenções. No plano micro, temos os neurônios, as sinapses e os neurotransmissores. O comportamento dos microelementos que compõem o sistema produz as características do sistema. Anteriormente, havia descrito o conjunto das relações causais entre a tomada de decisão e a ação por meio de um esquema cujo plano superior apresentava as decisões que conduziam às intenções em ação e o inferior apresentava a atividade neuronal se autorreproduzindo:

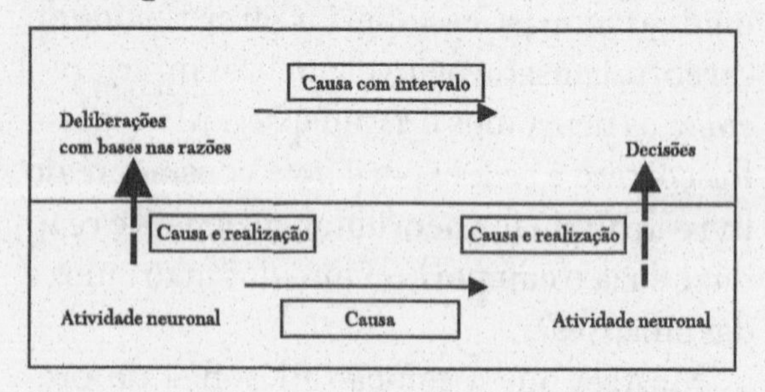

A questão é a seguinte: se supusermos que haja um intervalo, no plano superior, no caso de uma tomada de decisão racional, como podemos representar esse intervalo no plano neurobiológico? Afinal, esse intervalo não existe no cérebro. É preciso um exemplo para explorar as diversas hipóteses.

Tomemos o exemplo célebre do julgamento de Páris. Ele foi intimado por três belas deusas, Hera, Afrodite e Atenas, para deliberar e decidir qual, entre as três, receberia a maçã de ouro que os deuses destinavam à mais bela. Páris não determina seu julgamento pela beleza das deusas, mas em função das recompensas que cada uma prometia. Afrodite prometeu-lhe que ele possuiria a mais bela mulher do mundo; Atenas assegurava-lhe que conduziria os troianos à vitória contra os gregos; e Hera ofereceu-lhe ser rei da Europa e da Ásia. O importante aqui é que a decisão decorra de uma deliberação. Páris não reagiu espontaneamente. Suponhamos igualmente que ele tenha operado no espaço que constitui o intervalo: ele tem consciência de uma série de escolhas que lhe são oferecidas e sua decisão não é movida nem pelo desejo, nem pela cólera, e tampouco pela obsessão. Após deliberação, ele toma uma decisão racional.

Podemos supor que houve um momento em que o período de reflexão começou – o denominemos de t_1 – e que durou até o momento t_2, quando ele entregou finalmente a maçã para Afrodite. Nesse exemplo, estipularemos que não houve estímulo suplementar intervindo entre t_1 e t_2. Durante esse espaço de tempo, Páris refletiu simplesmente sobre as vantagens e desvantagens inerentes às diferentes propostas. No momento t_1, ele dispõe de todas as informações, baseado nas quais ele tomará sua decisão, e o processo conduzindo de t_1 para t_2 depende somente de uma deliberação que resultará na escolha de Afrodite.

Com base nesse exemplo, podemos então abordar o problema da liberdade da vontade com mais precisão do que fomos capazes de fazê-lo até agora. Se o estado total do cérebro de Páris em t_1 é causalmente suficiente para determinar o estado total de seu cérebro em t_2, nesse ponto e em outras situações do mesmo gênero, então ele não exerce livre-arbítrio. E o que é válido para Páris é válido para cada um de nós. Se o estado de seu cérebro em t_1 não é causalmente suficiente para determinar os estados subsequentes de seu cérebro até t_2, então – levando em conta certas suposições relativas à consciência sobre as quais retornarei posteriormente – ele dispõe de livre-arbítrio.

Aqui também, o que é válido para Páris é igualmente válido para nós.

Por que chegamos a essa conclusão? A resposta deve-se ao fato de que o estado de seu cérebro imediatamente anterior a t_2 é suficiente para provocar as contrações musculares que causaram e realizaram a ação de entregar a maçã para Afrodite. Páris era um mortal, dotado, como nós, de neurônios; assim que a acetilcolina atingiu a extremidade do axônio, e na medida em que o restante de sua fisiologia o permitia, a mão que segurava a maçã se estendeu em direção à Afrodite em razão de uma necessidade causal. O problema do livre-arbítrio consiste em indagar se os processos conscientes do pensamento que se produzem no cérebro – os processos que constituem nossas experiências do livre-arbítrio – são realizados no âmago de um sistema neurobiológico que é totalmente determinista.

Temos duas hipóteses: 1) o estado de cérebro é causalmente suficiente; 2) ele não o é. Exploremos cada uma dessas duas hipóteses. Para a hipótese (1), suponhamos que às condições psicológicas anteriormente insuficientes, conduzindo à escolha de

Afrodite no t_2 – as condições que nos conduziram à postulação do intervalo – corresponde, no nível neurobiológico inferior, a uma sequência de acontecimentos neurobiológicos em que cada etapa é causalmente suficiente para a seguinte. Segundo essa hipótese, estaríamos em relação com uma espécie de determinismo neurobiológico correspondente a um libertarismo psicológico. Páris faz a experiência de livre-arbítrio, mas não existe verdadeiro livre-arbítrio no estágio neurobiológico. Creio que a maioria dos neurobiologistas avaliaria que essa é provavelmente a maneira como funciona o cérebro. Em outras palavras, temos a experiência do livre-arbítrio, mas ele seria uma ilusão, uma vez que os processos neuronais são causalmente suficientes para determinar os estados subsequentes do cérebro (nós pressupomos, na realidade, que não existem estímulos externos ou efeitos ligados ao restante do corpo). Esse resultado é todavia muito insatisfatório intelectualmente, porque resulta em uma forma de epifenomenismo que significa que nossa experiência da liberdade não desempenha, em relação ao nosso comportamento, nenhum papel causal ou explicativo. Trata-se de uma completa ilusão, porque nosso comportamento é inteiramente fixado pela neurobiologia que determina as contrações musculares. Desse ponto de vista, a evolução nos pregou uma bela peça. Ela nos deu a ilusão da liberdade, e nada além dessa ilusão.

Voltarei mais tarde à essa hipótese (1), mas, antes disso, vejamos a hipótese (2). Segundo essa hipótese, supomos que a ausência de condições causalmente suficientes no plano psicológico corresponde à ausência de condições causalmente suficientes no plano neurobiológico. O que isso pode significar? Não existem intervalos no interior do cérebro. Se quisermos levar a sério a hipótese segundo a qual o livre-arbítrio, que se manifesta no nível da consciência, tem uma realidade neurobiológica, é preciso que examinemos mais atentamente a relação da consciência com a neurobiologia. Eu descrevia anteriormente a consciência como uma característica superior do cérebro concebido como sistema. A metáfora do superior e do inferior, embora seja frequentemente utilizada (até mesmo em meus trabalhos), é enganosa. Ela sugere que a consciência seja, por assim dizer, como uma espécie de verniz que recobre uma mesa. Não é o caso. A ideia que tentamos exprimir consiste sobretudo em fazer da consciência a característica do conjunto do sistema. A consciência está presente em todas as partes do cérebro onde a atividade neuronal a cria e realiza. É importante destacar esse ponto, porque ele contraria nossa herança cartesiana que considera que a consciência não pode ter uma localização espacial: a consciência está localizada em certas partes do cérebro e funciona causalmente, relativamente a essas localizações.

Expliquei o modo causal de funcionamento da consciência, fazendo uma analogia entre a consciência do cérebro e a solidez da roda. Mas, se estendermos um pouco mais a análise, vemos que, segundo a hipótese (2), devemos supor que as características lógicas da consciência volitiva do sistema considerado em sua totalidade têm efeitos sobre os elementos do sistema, ainda que o sistema não seja ele mesmo composto somente por esses elementos da mesma forma que a roda é composta de moléculas.

O objetivo da analogia era destituir de seu aspecto misterioso a questão de saber como a consciência podia afetar o comportamento neuronal (e, por conseguinte, agir sobre corpos humanos), mostrando, nos casos completamente comuns, como uma característica própria a um sistema pode afetar os microelementos que o compõem – sistema cujos poderes causais são redutíveis aos poderes causais dos microelementos. Toda analogia tem seus limites. A analogia "a solidez está para o comportamento molecular como a consciência está para o comportamento neuronal" é inadequada, pelo menos em dois pontos. Antes de tudo, consideramos a roda inteiramente determinista, ao passo que a hipótese que estamos examinando sugere que os aspectos do cérebro relativos à tomada de decisão voluntária não sejam deterministas. Em seguida, a solidez da roda é ontologicamente redutível ao comportamento das moléculas e não apenas causalmente redutível. Para a consciência, embora supondo que seja causalmente redutível ao comportamento dos microelementos, não podemos conduzir uma redução semelhante para a consciência. Realmente, a ontologia da consciência em primeira pessoa não é redutível a uma ontologia em terceira pessoa.

Por enquanto, avançamos três pontos na formulação preliminar da hipótese (2). 1) O estado do cérebro em t_1 não é causalmente suficiente para determinar o estado do cérebro em t_2. 2) O movimento do estado em t_1 para o estado em t_2 só pode ser explicado pelas características do sistema, particularmente pela operação do eu consciente. 3) Todas as características do eu consciente, não importando o momento, são inteiramente determinadas pelo estado, nesse instante, dos microelementos, dos neurônios etc. As características sistêmicas são inteiramente determinadas pelos microelementos, porque, de um ponto de vista causal, não há nada a não ser microelementos. O estado dos neurônios determina o estado da consciência. Todavia, todo estado determinado dos neurônios/da consciência não é causalmente suficiente para transportar ao estado seguinte. Os processos racionais de pensamento próprio ao estado inicial dos neurônios/da consciência explicam a passagem de um estado a outro. A qualquer momento, o estado total da consciência é fixado pelo comportamento dos neurônios, mas, de um momento a outro, o estado total do sistema não é causalmente suficiente para determinar o estado seguinte. Se na verdade ele existe, o livre-arbítrio é um fenômeno de outrora.

Expus muito rapidamente as hipóteses (1) e (2); agora é o momento de desenvolvê-las.

A hipótese (1) e o epifenomenismo

A melhor maneira de conceber a hipótese (I) é encará-la como um problema de engenharia.

Imagine que você está construindo um robô provido de uma consciência. Você o constrói de modo que, assim que ele se confrontar com a necessidade de fazer escolhas, fará a experiência do intervalo (*gap*). Entretanto, você construiu sua base material de maneira que cada etapa seja determinada pela etapa precedente e pelo impacto de estímulos externos. Cada movimento do corpo do robô é inteiramente fixado pelos atos internos. De fato, nós já dispomos de um modelo para essa parte da tecnologia, no domínio tradicional da inteligência artificial. Trataremos simplesmente dos programas informáticos que darão ao robô uma solução algorítmica aos problemas levantados pelos estímulos e pelos estados do sistema. Quanto à hipótese (I), o julgamento de Páris foi pré-programado.

Havia dito que a hipótese (I) se expõe à objeção segundo a qual ela conduz ao epifenomenismo. As características distintivas do processo racional de tomada de decisão não terão nenhuma influência no universo. O julgamento de Páris, meu comportamento e o do robô são totalmente determinados causalmente pela atividade que acontece no plano dos microelementos. Entretanto, alguém poderia objetar que a suposição inerente à hipótese (I) não é em nada mais epifenomenal do que qualquer outro enunciado referente à relação entre consciência e funcionamento fisiológico do corpo humano.

Havia afirmado que, uma vez abandonadas as categorias dualistas tradicionais, o modo como funciona causalmente a consciência não guarda nada de misterioso. É apenas uma questão de característica superior ou sistemática funcionando causalmente. E, ainda, o enunciado que fiz sobre isso não postula nenhuma sobredeterminação causal. Não há dois conjuntos de causas, a consciência e os neurônios, mas somente um único conjunto, descrito em diferentes níveis. Repetindo, a consciência não é nada mais que o estado no qual se encontra o sistema dos neurônios, assim como a solidez é o estado no qual se encontra o sistema das moléculas. Mas agora, do meu ponto de vista, por que a hipótese (1) deveria implicar, mais do a hipótese (2), um epifenomenismo? A resposta é simples: a epifenomenalidade de uma característica depende do funcionamento causal da própria característica. Consequentemente, muitas características de um acontecimento qualquer não são pertinentes. Por exemplo, quando eu deixei cair o copo, a camisa azul que eu vestia era uma característica desse acontecimento. Porém, a camisa azul não era um aspecto causalmente pertinente ao acontecimento. É correto dizer que "o homem de camisa azul deixou cair o copo da mesa", mas a camisa é, em si, epifenomenal – ela não tem importância. Da mesma forma, quando dizemos que alguma característica de um acontecimento é epifenomenal, estamos dizendo que se trata de uma característica que não desempenhou o papel causal. Estou sugerindo que, no quadro da hipótese (1), as características essenciais da tomada racional de decisão, isto é, a experiência que fazemos do intervalo – a experiência do leque de escolhas que nos são apresentadas, a experiência do fato de que os antecedentes psicológicos da ação não são causalmente suficientes para induzir a ação e a experiência dos processos conscientes de pensamento em virtude dos quais decidimos e depois agimos –, todas essas características da experiência não têm importância. Elas não são pertinentes. As formas determinadas específicas dessas características, por meio das quais nos interrogamos febrilmente sobre uma decisão a ser tomada e consideramos diversas razões, são igualmente tão pertinentes quanto a cor da camisa que eu usava quando deixei cair o copo. O julgamento de Páris já estava determinado pelo estado antecedente de seus neurônios, independentemente de todas suas cogitações.

O simples fato de que uma característica sistêmica esteja fixada pelos microelementos não estabelece que a característica sistêmica seja epifenomenal. Muito pelo contrário, sabemos como a consciência pode ser fixada pelo comportamento neuronal e que, no entanto, pode não ser epifenomenal. A fim de mostrar que algo é epifenomenal, devemos mostrar que a característica em questão não constitui um aspecto causalmente pertinente na determinação do que acontece. Há epifenomenismo nesse caso porque a insuficiência causal das experiências do intervalo e o esforço produzido para superar essa insuficiência quando tomamos nossa decisão não formam um aspecto causalmente pertinente na determinação do ocorrido. Nossa decisão já estava fixada pelo estado de nossos neurônios, ainda que nos consideremos comprometidos com um processo consciente, que nos permite tomar uma decisão, escolhendo uma opção entre as oferecidas.

Às vezes dizemos que é possível explicar o epifenomenismo por meio dos contrafatuais. Deixando de lado as causas múltiplas, supõe-se que a verdade de "Mesmo que A não tivesse ocorrido, ainda assim B teria ocorrido" constitui um teste para saber se A é epifenomenal. Mas, no melhor dos casos, esse teste é enganador. Supondo que as experiências do intervalo, assim como as decisões finais, estejam fixadas no plano neuronal, então é preciso convir que, se as experiências não tivessem ocorrido, a decisão também não teria sido tomada ou, pelo menos, o fato de que ela pudesse ocorrer não era garantido, porque elas são, tanto uma quanto outras, causadas pelo mesmo processo neuronal. Se um não é exigido, o outro também não será. Isso não demonstra, no entanto, que as experiências não eram epifenomenais. O teste do epifenomenismo não consiste na verdade dos contrafatuais, mas nas razões dessa verdade. No quadro da hipótese (I), as características distintivas do intervalo e da tomada racional de decisão são não pertinentes do ponto de vista causal.

O que exatamente reprovamos no epifenomenismo? À medida que melhor compreendemos a maneira como o cérebro funciona, ele poderia parecer finalmente verdadeiro. No estado presente de nossos conhecimentos, a objeção principal que nos impede de aderir ao epifenomenismo consiste em dizer que ele vai de encontro a tudo aquilo que conhecemos sobre a evolução. Os processos da racionalidade consciente representam uma parte tão importante de nossas vidas e, além disso, constituem uma parte biologicamente tão extensa delas que se um fenótipo de tamanha magnitude não desempenhasse nenhum papel funcional para a vida e a sobrevida do organismo, nosso conhecimento da própria evolução é que estaria sendo refutado. Entre os humanos e os animais superiores, a tomada racional de decisão tem um preço bem elevado a ser pago. Supor que tudo isso não desempenhe o menor papel no *fitness* global não seria o mesmo que afirmar que o apêndice humano é inútil? Isso equivaleria sobretudo a supor que a visão ou a digestão não desempenham nenhum papel na evolução.

Hipótese (2) – O eu, a consciência e o indeterminismo.

A hipótese (1) é pouco sedutora, mas tem o mérito de ser coerente e estar em conformidade com boa parte de nossos conhecimentos em biologia. O cérebro é um órgão como qualquer outro e, por essa razão, é tão determinista em seu funcionamento quanto o coração ou o fígado. Se pudermos imaginar a construção de uma máquina consciente, poderemos pensar em construir esse robô consciente com base na hipótese (1). É possível abordar a hipótese (2) como um problema de engenharia? Como podemos construir um robô consciente, em que cada característica da consciência seja inteiramente determinada pelo estado dos microelementos, ao passo que a consciência do sistema funciona causalmente na determinação do estado próximo do sistema pelo caminho de processos que não são deterministas, mas remete a uma tomada de decisão livre por meio de um eu racional, agindo com base em razões? Com essa descrição, seria um projeto com pouca chance de receber financiamento público. A única razão para considerá-lo seriamente é o fato de que – levando em conta as experiências que fazemos do intervalo e de acordo com nosso conhecimento sobre o funcionamento do cérebro – essa é precisamente a nossa condição. Somos robôs conscientes cujos estados de consciência são fixados pelos processos neuronais e, ao mesmo tempo, atuamos, às vezes, com base em processos conscientes não deterministas (daí os processos neuronais) por intermédio dos quais o eu racional toma decisões fundamentadas em razões.

Qual deve ser o funcionamento do cérebro para que ele satisfaça a todas essas condições? Notem que eu não me pergunto "qual é o funcionamento do cérebro que lhe permite satisfazer todas essas condições?". A razão disso é a seguinte: não sabemos se ele satisfaz essas condições e, se for o caso, não temos a menor ideia da maneira como ele o faz. Por ora, a única atitude possível é descrever as diversas condições que o cérebro deve assumir se a hipótese (2) for verdadeira.

A meu ver, existem três condições, que apresentarei em ordem crescente de dificuldade. A descrição do funcionamento do cérebro conforme a hipótese (2) deverá satisfazer essas três condições.

1) A consciência, do modo como é causada pelos processos neuronais e se realiza em um sistema neuronal, tem um funcionamento causal em relação ao corpo.

Já tive oportunidade de explicar detalhadamente como isso é possível.

2) O cérebro causa e sustenta a existência de um eu consciente capaz de tomar decisões racionais e de traduzi-las em ações.

Não basta que a consciência tenha efeitos físicos sobre o corpo. Em boa parte dos casos, o tipo de efeito não tem nada a ver com as ações racionais e livres, como, por exemplo, quando um homem sente dores de estômago por ansiedade ou vomita diante de uma cena repugnante ou tem uma ereção em virtude de pensamentos eróticos. Além da descrição neurobiológica da causação mental, temos necessidade de uma descrição neurobiológica do eu racional e volitivo. Como o cérebro cria um eu? Como o eu se realiza no âmbito do cérebro? Como ele funciona na deliberação? Como ele chega às decisões? E como ele introduz e dá sequência as ações?

Se nos referirmos ao sentido dado à noção de eu, de acordo com o argumento transcendental (p.30-40), notaremos que o eu não é concebido como uma entidade qualquer que vem se sobrepor, mas que é concebido, de modo completamente esquemático, como resultante da associação do caráter do agente consciente com a noção de racionalidade consciente. Da mesma forma, desde que você disponha de uma descrição do cérebro que explique como este produz o campo unificado da consciência,[5] associada à experiência do agir, e desde que você também conheça a maneira pela qual o cérebro produz processos conscientes de pensamento, no âmago dos quais os parâmetros da racionalidade já estão integrados como elementos constitutivos, então, obtém-se uma descrição do eu. Esclareçamos este ponto: os elementos que um organismo exige para ter um eu, a meu ver, são os

---

5 Sobre a importância desse campo unificado, ver SEARLE, John R. Consciousness. *Annual Review of Neuroscience*, v.23, p.557-78, 2000.

seguintes: 1) um campo unificado de consciência; 2) a capacidade de deliberar com base em razões – essa capacidade não implica somente capacidades cognitivas de percepção e memória, mas também a capacidade de coordenar estados intencionais, a fim de atingir decisões racionais; 3) o organismo deve ser capaz de iniciar e realizar ações (no jargão antigo, deve ter a "volição" ou a "*agency*").

Na perspectiva que defendo, a racionalidade não é uma faculdade distinta. As imposições da racionalidade já estão integradas nos fenômenos intencionais, como as crenças e os desejos, assim como nos processos de pensamento. Uma descrição neurobiológica dos fenômenos mentais já corresponde a uma descrição racional desses fenômenos.[6]

Não há outros problemas metafísicos do eu. Se é possível mostrar como o cérebro chega a realizar tudo isso – a maneira pela qual ele consegue criar um campo unificado para uma consciência capaz de uma atuação

---

6 Sobre esse assunto, ver SEARLE, John R. *Rationality in Action*, op. cit.

racional livre (*rational agency*) no sentido exposto anteriormente –, teremos então resolvido o problema neurobiológico do eu. É preciso observar que, no que tange às experiências, tanto a hipótese (I) quanto a hipótese (2) têm de preencher essa condição. De fato, qualquer teoria do funcionamento do cérebro deve respeitar essa condição, porque sabemos que o cérebro nos proporciona o acesso a todos esses tipos de experiência. A diferença entre a hipótese (I) e a hipótese (2) deve-se ao fato de que em (I) a atuação racional livre não passa de uma ilusão. A experiência que fazemos de nossa atuação livre racional não tem nenhuma influência sobre o mundo.

3) O cérebro é tão capaz quanto o eu consciente, nesse intervalo que nos interessa aqui, de tomar decisões e de agir com base nelas, de modo que nem a decisão nem a ação são predeterminadas pelas condições causalmente suficientes, embora possamos, aliás, explicá-las racionalmente em referência às razões em que o agente fundamentou sua ação.

Essa condição é a mais delicada. Como o intervalo pode ter uma realidade neurobiológica? Suponhamos que dispomos de uma descrição da maneira pela qual o cérebro produz a causação mental, assim como uma descrição do modo pelo qual produz a experiência de uma atuação racional e livre, como integrar a ideia de um indeterminismo racional a essa descrição do funcionamento do cérebro?

Para abordar esse problema, vejo apenas um método: começar lembrando daquilo que já sabemos. Nós sabemos – ou pelo menos achamos que sabemos – duas coisas: 1) as experiências que fazemos da ação livre remetem às ideias de indeterminismo e de racionalidade, e a consciência intervém de maneira essencial na forma que tomam essas duas noções ; 2) o indeterminismo quântico é a única forma de indeterminismo indiscutivelmente estabelecida como fato natural.

A teoria do caos, como eu a entendo, implica a não previsibilidade e não o indeterminismo.

É tentador – na verdade, dificilmente resistimos a essa tentação – pensar que a explicação da experiência consciente do livre-arbítrio é uma manifestação no plano da tomada consciente de decisão racional do indeterminismo quântico. Antes, eu não via interesse em introduzir a mecânica quântica nas discussões relativas à consciência. Aqui, no entanto, temos um argumento que merece ser considerado.

Premissa I: Todo indeterminismo na natureza é um indeterminismo quântico.

Premissa 2: A consciência é uma característica da natureza que manifesta o indeterminismo.

Conclusão: A consciência exprime um indeterminismo quântico.

Daqui em diante, nosso objetivo é levar ao extremo as implicações ligadas às nossas suposições. Se a hipótese (2) é verdadeira e se o indeterminismo quântico é, na natureza, a única forma verdadeira de indeterminismo, é preciso que a mecânica quântica seja levada em conta para a explicação da consciência. A hipótese (I) não permite essa conclusão. Enquanto o intervalo for de ordem epifenomenal, nenhum indeterminismo no mecanismo causal será necessário para explicar como os processos do cérebro causam e realizam a consciência. Esse ponto é importante para a pesquisa contemporânea. As perspectivas habituais da pesquisa, tanto em relação ao modelo por blocos de construção (*building block model*) quanto ao modelo por campo unificado, não se apoiam na mecânica quântica para explicar a consciência. Se a hipótese (2) estiver correta, então essas perspectivas não podem atingir sua finalidade, pelo menos no que se refere à consciência volitiva.[7]

Entretanto, mesmo que tivéssemos uma explicação da consciência com base na mecânica quântica, como passaríamos do indeterminismo à racionalidade? Se a indeterminação quântica equivale ao acaso, essa indeterminação, por si, não nos permitirá explicar o problema do livre-arbítrio. De fato, uma ação livre não é uma ação iniciada pelo acaso. Penso que deveríamos abordar a questão "qual é a relação entre a indeterminação quântica e a racionalidade?" da mesma forma que abordamos a questão sobre a relação entre os microprocessos cerebrais e a consciência ou a relação entre os estímulos visuais, os processos cerebrais

---

7 Para uma explicação da distinção entre esses dois modelos, ver SEARLE, John R. "Consciousness", op. cit.

e a intencionalidade visual. Quanto às duas últimas questões, sabemos que as características sistêmicas são causadas por e realizadas em microprocessos. Igualmente, sabemos que as características causais dos fenômenos intervindo no âmbito do sistema são inteiramente explicáveis pela referência ao comportamento dos microfenômenos. Como sempre repito, as relações causais têm a mesma estrutura formal que as relações causais entre os movimentos moleculares e a solidez.

Além disso, sabemos que não é certo supor que as propriedades dos elementos individuais devam ser as propriedades de um todo. Assim, por exemplo, as propriedades elétricas dos átomos não são propriedades do conjunto, da mesma forma que o fato de o potencial de uma ação particular se situar a 50 Hz não significa que o cérebro inteiro oscile a 50 Hz. De maneira exatamente análoga, o fato de que microfenômenos se produzem por acaso não prova que no âmbito do sistema seja possível observar um determinado acaso.

A indeterminação no plano dos microelementos – se a hipótese (2) for verdadeira –

pode explicar a indeterminação do sistema, mas o acaso que se produz nesse plano não implica o acaso no âmbito do sistema.

Conclusão

No início, havia dito que os problemas filosóficos resistentes aparecem quando assistimos a um conflito profundo entre teses contraditórias. No caso do problema criado pela relação mente/corpo, reduzimos essa contradição aventando um certo tipo de compatibilismo. Desde que renunciamos aos pressupostos próprios das categorias cartesianas tradicionais, um materialismo ingênuo torna-se compatível com um mentalismo ingênuo. Esse compatibilismo não poderia ser aplicado, no entanto, ao problema do livre-arbítrio, porque a tese segundo a qual cada ato humano é precedido das condições causalmente suficientes permanece incompatível com a tese que estabelece que alguns não o são. Tendo ordenado os problemas, encontramo-nos diante de duas possibilidades, a hipótese (I) ou a hipótese (2). Nenhuma das duas é atraente. Se fôssemos apostar, é provável que a sorte privilegiasse a hipótese (I), porque ela é mais simples e está em conformidade com nosso conhecimento de conjunto em biologia. O problema é que essa hipótese se converte em um resultado absolutamente incrível. Quando expus esse ponto por ocasião de uma conferência em Londres, um ouvinte me perguntou: "Se demonstrássemos que a hipótese (1) é verdadeira, o senhor a aceitaria?". Podemos reformular essa pergunta da seguinte maneira: "Se demonstrássemos que a tomada de decisão livre e racional não existe, o senhor, racional e livremente, tomaria a decisão de aceitar o fato de que tais decisões não existem?". Não me foi dito: "Se a hipótese (1) fosse verdadeira, os processos neuronais que se produzem dentro de seu cérebro conduziriam sua boca para aprová-la?". Essa pergunta teria o mérito de ser formulada no espírito da hipótese (1), embora, no entanto, fosse além do que ela permite, visto que exige, racional e livremente, que eu faça uma predição – coisa impossível com base na hipótese (1). Já a hipótese (2) nos traz problemas. Carregamos apenas um mistério e ela produz três. Nós pensávamos que o livre-arbítrio fosse algo misterioso, mas eis que deparamos com os problemas da consciência e da mecânica quântica. Para resolver o primeiro enigma, é preciso que estejamos certos do segundo e, para isso, que tratemos dos aspectos mais enigmáticos do terceiro. Meu objetivo aqui era prosseguir minha reflexão na direção de meus primeiros trabalhos e continuar a explorar, estendendo ao máximo, as diferentes vias do raciocínio. A discussão, tenho certeza, está longe da conclusão.

LINGUAGEM E PODER

O objetivo desta conferência é explicar a ontologia do poder político e o papel da linguagem na constituição desse poder. Para atingir essa meta, vou retomar e desenvolver algumas ideias apresentadas no meu livro *The Construction of Social Reality* [A construção da realidade social].[1] A tese desse livro contém implicitamente uma filosofia política ou, pelo menos, uma concepção da relação entre a filosofia política e a filosofia da linguagem – concepção da qual gostaria hoje de explicitar alguns aspectos.

Essa visão se integra a outro projeto, muito mais amplo, na filosofia contemporânea. Nesse domínio, a questão central e, em certo sentido, a única questão importante é: como reconciliar certa concepção que temos de nós mesmos, como agentes conscientes,

1 *The Construction of Social Reality*. New York: The Free Press; Harmondsworth, Middlesex: Penguin Books, 1995.

inteligentes, livres, sociais e políticos com uma concepção de um mundo constituído de partículas físicas, desprovidas de inteligência e significado, submetidas aos campos de forças? Em resumo, como considerar, de maneira coerente, a totalidade do mundo, reconciliando ao mesmo tempo o que pensamos de nós mesmos com o que a física, a química e a biologia nos ensinam. No livro *The Construction of Social Reality*, tentei responder à questão para saber como pode existir uma realidade social e institucional em um mundo feito de partículas físicas. Hoje continuo a fazer essa pergunta, formulando-a da seguinte maneira: "Como pode existir uma realidade política em um mundo feito de partículas físicas?".

Para começar, é preciso exprimir exatamente o sentido da distinção sobre a qual se apoia a análise: alguns elementos da realidade são independentes do observador e outros são dependentes do observador. Um elemento depende do observador quando sua existência depende das atitudes, pensamentos e intencionalidade dos observadores, dos utilizadores, criadores, conceitualizadores, compradores, vendedores ou, de modo mais geral, de agentes intencionais conscientes. Em todos os outros casos, o elemento é independente do observador. Entre os exemplos de elementos que dependem do observador podemos citar o dinheiro, a propriedade, o casamento e a linguagem. Entre os exemplos de elementos independentes do observador estão a força, a massa, a atração gravitacional, a ligação química e a fotossíntese. Um teste simples para determinar se um elemento é independente do observador é observar se ele teria existido se nunca tivesse tido um agente consciente no mundo. Na ausência de agentes conscientes, sempre haveria força, massa e ligações químicas, mas não haveria dinheiro, propriedade, casamento ou linguagem. Esse teste é grosseiro, porque, naturalmente, a consciência e a intencionalidade são elas mesmas independentes do observador, mesmo que sejam a origem de todos os elementos do mundo que dependem do observador.

Dizer que um elemento depende do observador não implica necessariamente dizer que não seja possível obter um conhecimento objetivo dele. Por exemplo, o pedaço de papel que seguro na mão é dinheiro francês e como tal depende do observador: só é dinheiro porque pensamos que é dinheiro. Mas ser uma nota de 50 euros é um fato objetivo, não é uma simples opinião subjetiva.

Este exemplo mostra que, à distinção entre elementos do mundo dependentes e independentes do observador, é preciso acrescentar uma distinção entre, de um lado, a objetividade e a subjetividade epistêmicas, e, de outro lado, a objetividade e a subjetividade ontológicas. A objetividade e a subjetividade epistêmicas são propriedades das asserções.

Uma asserção é epistemicamente objetiva quando seu valor de verdade pode ser determinado de maneira independente do sentimento, atitudes e preferências etc. daqueles que a fazem ou a interpretam. Desse modo, a asserção segundo a qual Van Gogh nasceu na Holanda é epistemicamente objetiva. A asserção "Van Gogh era um pintor melhor do que Manet" é uma questão de opinião. É epistemicamente subjetiva. Por um outro lado, a subjetividade e a objetividade ontológicas são propriedades da realidade. As dores e as cócegas são ontologicamente subjetivas porque sua existência depende do fato de que sejam experimentadas por um sujeito humano ou por um animal. As montanhas, os planetas e as moléculas são ontologicamente objetivas porque sua existência não depende de experiências subjetivas.

O sentido dessas distinções na presente discussão é o seguinte: quase toda realidade política é relativa ao observador. Uma eleição, um parlamento, um primeiro-ministro ou uma revolução só são o que são se as pessoas adotarem certas atitudes a respeito deles. Logo, todos esses fenômenos contêm uma parte de subjetividade ontológica. As atitudes subjetivas das pessoas envolvidas são elementos constitutivos dos fenômenos que dependem do observador. Entretanto, a subjetividade ontológica como tal não implica a subjetividade epistêmica. É possível haver um domínio, como a política ou a economia, em que as entidades são ontologicamente subjetivas, mas sobre as quais é sempre possível fazer asserções epistemicamente objetivas. Por exemplo, a presidência dos Estados Unidos é um fenômeno relativo ao observador; ela é, por conseguinte, ontologicamente subjetiva. Em compensação, o fato de que George W. Bush seja atualmente presidente é um fato epistemicamente objetivo.

Partindo dessas distinções, dirijamo-nos à realidade social e política. Como diz a célebre observação de Aristóteles, o homem é um animal social. Mas, ele dizia também: "O homem é um animal político". Embora existam vários tipos de animais sociais, apenas o homem é um animal político; é necessário então precisar nossa questão e nos perguntar: "O que é preciso acrescentar aos fatos sociais para que eles se tornem fatos políticos?". Comecemos pelos fatos sociais.

A produção de fatos sociais é uma capacidade com base biológica que os humanos compartilham com outras espécies: ou seja, a capacidade de intencionalidade coletiva. A intencionalidade coletiva é simplesmente o fenômeno de compartilhamento de formas de intencionalidade no âmbito da cooperação humana ou animal. Desse modo, por exemplo, a intencionalidade coletiva ocorre quando um grupo de animais coopera para caçar sua presa, quando duas pessoas conversam ou quando um grupo de indivíduos tenta organizar uma revolução. A intencionalidade coletiva está presente em qualquer forma de comportamento de cooperação, desejo ou crença compartilhados, nos quais os agentes em questão estão conscientes em compartilhar desejos, crenças e intenções. Os teóricos em sociologia observam frequentemente que a intencionalidade coletiva está no fundamento da sociedade. Durkheim, Simmel e Weber observaram-na de diferentes maneiras. Eles não conceberam o jargão nem a teoria da intencionalidade, mas acredito que era isso o que eles queriam dizer no vocabulário de que dispunham no século XIX. A questão que eles não trataram e que eu examino aqui é a seguinte: "Como se passa dos fatos sociais para os fatos institucionais?".

A intencionalidade coletiva é suficiente para criar qualquer forma simples de realidade social ou fatos sociais. Na verdade, um fato social é, para mim, qualquer um que implique a intencionalidade coletiva de dois ou mais agentes humanos ou animais. Porém, a simples intencionalidade coletiva se encontra bem longe de dinheiro, propriedade, casamento ou governo, e, consequentemente, a condição de animal social está bem longe daquela de animal institucional ou político. O que é necessário acrescentar especificamente à intencionalidade coletiva para chegarmos às formas da realidade institucional características dos seres humanos e, particularmente, da realidade política humana? A meu ver, são necessários exatamente dois elementos suplementares: inicialmente, a atribuição de funções, e, em seguida, algumas regras que chamo de "regras constitutivas". Essa combinação, acrescida da intencionalidade coletiva, é a base de nossa noção de sociedade especificamente humana.

Passemos em revista sucessivamente esses aspectos. Os seres humanos utilizam todas as espécies de objetos para realizar essas funções, que podem ser executadas graças às características físicas desses objetos. No grau mais primitivo, servimo-nos do cajado como apoio e de bancos para sentarmo-nos. Em um grau mais elaborado, criamos objetos tendo em vista funções específicas. Assim, os primeiros homens talharam as pedras para obter ferramentas afiadas. Em um grau mais avançado, foram fabricadas facas para cortar e cadeiras como assento. Alguns animais manifestam uma forma muito simples de atribuição de função. Os macacos de Köhler ficaram célebres pela capacidade de utilizar um pedaço de pau e uma caixa para colher bananas que se encontravam em lugar inacessível. E o famoso macaco japonês, Imo, aprendeu a lavar batatas-doces com a água do mar para aprimorar seu sabor. Mas os animais raramente utilizam objetos para funções atribuídas. Uma vez que os animais têm a capacidade de intencionalidade coletiva e de atribuição de função, é natural combinar as duas. Se uma pessoa pode usar um toco de árvore para se sentar, outras podem se servir de um tronco como banco ou de um grande galho como alavanca para ser usada por muitos. Se examinarmos os seres humanos mais detidamente, descobriremos um fenômeno notável: estes têm capacidade de impor uma função a objetos que, ao contrário dos cajados, alavancas, caixas e água salgada, não podem servir à função com base em sua estrutura física, mas preferencialmente sobre aquela de certa forma de aceitação coletiva relativa à certa forma de *status* desses objetos. Esse *status* é acompanhado de uma função somente obtida com a aceitação coletiva pela comunidade do *status* desse objeto, e pelo fato de que esse *status* seja portador dessa função. O exemplo mais simples e evidente desse fenômeno é sem dúvida o dinheiro. Não é por sua estrutura física que esses pedaços de papel, as notas, podem cumprir sua função, mas porque nós adotamos certo conjunto de atitudes a seu respeito.

Reconhecemos que eles têm certo *status*. Nós enxergamos neles o dinheiro. Eles são capazes de realizar essa função porque reconhecemos seu *status*.

Como isso é possível? Por que ocorrem as funções de *status*? Para explicar, devo introduzir uma terceira noção, que será acrescida às anteriormente apresentadas, isto é, a intencionalidade coletiva e a atribuição de função. A terceira noção é a da regra constitutiva. Para explicá-la, devo introduzir uma distinção entre o que chamo de fatos primitivos e fatos institucionais. Os fatos primitivos podem existir sem a instituição humana; os fatos institucionais necessitam, como o nome indica, das instituições humanas para existir. O fato de que uma pedra seja maior do que outra ou de que a Terra esteja a 150 milhões de quilômetros do Sol, constituem fatos primitivos. O fato de que eu seja cidadão dos Estados Unidos ou que uma nota valha 50 euros constituem exemplos de fatos institucionais.

Como os fatos institucionais são possíveis? Para explicar isso, temos igualmente de distinguir entre dois tipos de regras, que denominei anteriormente de regras reguladoras e regras constitutivas. As primeiras regulam as formas preexistentes de comportamento. Uma regra que impõe "mantenha-se à direita", por exemplo, regulamenta o trânsito. As regras constitutivas não somente regulamentam, como também criam a possibilidade ou definem novas formas de comportamento. As regras do jogo de xadrez são um exemplo evidente. Elas não se restringem a regulamentar a maneira de jogar, mas, sobretudo, o próprio jogo de xadrez supõe o respeito a essas regras. As regras constitutivas são tipicamente da forma X é igual a (um valor de) Y ou X é igual a Y no contexto C. Uma ou outra regra vale para o deslocamento de um cavalo no xadrez, uma ou outra posição vale para uma posição de xeque-mate, como certa pessoa que possui certas qualificações corresponde ao posto de presidente dos Estados Unidos.

O elemento-chave na passagem do primitivo para o institucional, e daí para as funções físicas atribuídas às funções de *status*, encontra-se na maneira pela qual, concedendo um *status* a algo, nós lhe atribuímos uma função baseada nesse *status*. Logo, nossa capacidade para seguir um conjunto de procedimentos ou de práticas – segundo as quais levamos em consideração certas coisas como tendo certo *status* – constitui o elemento-chave que nos permite passar da simples atribuição de funções do animal e da intencionalidade coletiva para a atribuição de funções de *status*. Fulano merece ser chefe, certo tipo de objeto equivale a dinheiro em nossa sociedade e, de modo ainda mais importante, como iremos ver, esta ou aquela sequência de sons ou sinais equivale a uma frase e, efetivamente, equivale a um ato de linguagem em nossa língua. É essa propriedade – uma propriedade claramente humana, que permite atribuir um *status* às coisas que não o possuem intrinsecamente, e, em seguida, conferir, associando a esse *status*, um conjunto de funções que só se podem exercer em virtude da aceitação coletiva do *status* e de sua função correspondente—é essa propriedade, portanto, que torna possíveis os fatos institucionais. Estes são constituídos pela existência de funções de *status*.

Duas observações devem ser feitas a respeito das funções de *status*. Inicialmente, elas estão sempre ligadas a potências positivas e negativas. A pessoa que possui dinheiro ou propriedades ou que está casada tem poderes, direitos e obrigações que não teria adquirido de outra maneira. Notem que esses poderes assumem uma forma particular; eles não correspondem, por exemplo, à potência de uma alimentação elétrica nem ao poder que um indivíduo teria sobre outro em razão de sua força bruta. Assim, parece-me que chamar de "potência" a força do motor de meu carro e aquela de George W. Bush como presidente consiste em jogar com as palavras, porque essas potências são completamente diferentes. A potência do motor de meu carro é uma potência bruta, ao passo que os poderes que constituem os fatos institucionais são sempre questões de direitos, deveres, obrigações, compromissos, autorizações, exigências e permissões. Observem igualmente que esses poderes existem apenas ao serem admitidos, reconhecidos ou aceitos. Proponho chamar todas essas espécies de poder de poderes deônticos. Os fatos institucionais estão sempre relacionados a poderes deônticos.

Uma segunda observação a propósito das funções de *status*: a linguagem e o simbolismo têm como função não somente descrever os fenômenos em questão, como são em parte constitutivos desses fenômenos. Como isto é possível? Quando declaro, afinal, que George W. Bush é presidente dos Estados Unidos, é uma simples asserção de fato, como se eu dissesse que está chovendo. Por que a linguagem é mais constitutiva quando se trata de George W. Bush do que quando se trata da chuva? Para compreender essa questão, é preciso compreender o *status* da passagem de X a Y que nos faz conferir certo *status* a algo que não o possui intrinsecamente, mas somente em relação às nossas atitudes.

Se a linguagem é constitutiva dos fatos institucionais mas não o é, da mesma forma, dos fatos primitivos, sociais ou intencionais em geral, é porque a passagem de X para Y na fórmula "X equivale a Y em C" – a passagem de um nível de descrição no qual atribuímos a X uma função de *status* de um nível no qual descrevemos X como tendo a função de *status* Y – essa passagem só pode existir por meio da representação que existe. Em razão de os fatos institucionais serem relativos ao observador, eles só existem por meio da representação que temos de sua existência. Mas, para que eles possam ser representados como existentes, é preciso que disponhamos de um meio de representá-los. E esse meio é um determinado sistema de representação ou, no mínimo, um determinado procedimento simbólico por meio do qual o fenômeno X é representado como tendo o *status* Y. Para que Bush seja presidente, é preciso que as pessoas pensem que ele o é, isto é, para que elas pensem que ele é presidente, é preciso que elas tenham um meio para pensar isso, e esse meio deve ser linguístico ou simbólico.

Mas, o que dizer da própria linguagem? A linguagem, em si, não é um fato institucional, portanto não dispõe de um modo de representação de seu *status* institucional? A linguagem é a instituição social de base, não somente no sentido em que é necessária para a existência das outras instituições sociais, mas também no sentido em que os elementos linguísticos se autodefinem como linguísticos. A criança tem a capacidade inata de aprender o idioma ao qual é exposta durante sua infância. Os elementos linguísticos se autodefinem como linguísticos precisamente porque vivemos no meio de uma cultura na qual nós os consideramos linguísticos e temos uma capacidade inata de encará-los como tais. Ora, nesse sentido, o dinheiro, a propriedade, o casamento, o governo e os presidentes dos Estados Unidos não se autodefiniram. Precisamos de um meio para identificá-los e esse meio é simbólico ou linguístico.

Diz-se frequentemente, e eu mesmo já disse, que a função da linguagem é a comunicação, que nos servimos da linguagem para nos comunicarmos com o outro, e em sentido restrito, para nos comunicarmos com nós mesmos pelo pensamento. Mas, a linguagem desempenha um papel suplementar, que apenas notei ao escrever *Speech Acts* [Atos de fala].[2] A linguagem é parte constitutiva da realidade institucional. Para que algo seja dinheiro, propriedade, casamento ou governo, as pessoas devem ter os pensamentos condizentes. Ora, para que elas tenham os pensamentos apropriados, é necessário que tenham os meios para pensá-los, e estes são de ordem simbólica ou linguística.

Até aqui, fiz um resumo bem rápido das ideias de base, necessárias para explorar a natureza do poder político em sua relação com a linguagem. Em um sentido, nossa tarefa é aristotélica, à medida que procuramos as *differentia* cada vez mais precisas, para acessar, com base em fatos sociais genéricos, especificações cada vez mais precisas que nos conduzirão à espécie da realidade política. Estamos no momento de chegar lá, entretanto de maneira particular, visto que não adotamos, evidentemente, o procedimento essencialista que caracteriza a abordagem de Aristóteles.

---

2 *Speech Acts*: An Essay in the Philosophy of Language. Cambridge: Cambridge University Press, 1969. (Ed. portuguesa: *Os actos de fala*: um ensaio de filosofia da linguagem. Coimbra: Almedina, 1984). (N.E.)

O poder político

Minha apresentação da realidade social e da racionalidade comporta uma concepção implícita do político e do poder político. Ela pode ser resumida num certo número de propostas.

1. Todo poder político é uma questão de funções de *status*, e, por esse motivo, todo poder político é um poder deôntico. Os poderes deônticos aplicam-se aos direitos, deveres, obrigações, autorizações, permissões, autoridade e assim por diante. O poder dos patrões do partido local e do conselho do vilarejo, tanto quanto os poderes das grandes figuras (presidentes, primeiros-ministros, o Congresso ou o Tribunal Superior), deriva do fato de que essas entidades desempenham funções de *status* reconhecidas. O poder político se distingue, portanto, do poder militar, do poder da polícia ou do poder físico bruto que os fortes exercem sobre os mais fracos. Um exército de ocupação exerce um poder sobre os cidadãos do país ocupado; no entanto, esse poder é fundamentado sobre a força física bruta. Existe

um sistema reconhecido de funções de *status* entre os ocupantes que permite a existência de relações políticas no interior do exército, mas a relação dos ocupantes com os ocupados não é política, salvo se os ocupados não aceitarem reconhecer a validade das funções de *status*. Quando as vítimas aceitam as ordens dos ocupantes sem aceitar a validade das funções de *status*, agem por medo e prudência. Agem com base em razões que dependem do desejo.

2. As relações lógicas entre o poder político e o poder econômico são extremamente complexas: os sistemas econômicos e políticos são ambos sistemas de funções de *status*. O sistema político corresponde à máquina governamental. O sistema econômico corresponde ao aparelho econômico que cria e distribui bens. Embora a estrutura lógica pareça igual, os sistemas de motivações racionais decorrentes diferem de maneira interessante. O poder econômico resulta essencialmente do fato de continuar capaz de repartir vantagens e sanções econômicas. Os ricos têm mais poder do que os pobres porque os pobres querem o que os ricos lhes podem pagar; o que os leva a dar aos ricos o

que estes desejam. O poder político se apresenta desse modo, mas nem sempre. É assim quando os líderes políticos só podem exercer seu poder oferecendo grandes recompensas. Isso causou a produção de uma série de teorias confusas que procuram tratar as relações políticas como se elas tivessem a mesma estrutura lógica das relações econômicas. Ora, razões para agir como essas, baseadas no desejo, mesmo quando intervêm em um sistema deôntico, não são deontológicas. O ponto importante sobre o qual é preciso insistir é que a essência do poder político é um poder deôntico. Essa noção, diga-se de passagem, é a origem da intuição que estimulava os teóricos do Contrato Social. Eles pensavam que não havia meio de se obter um sistema de obrigações políticas, e de fato, não havia meio de ter uma sociedade política sem algo como uma promessa, uma promessa original que criaria o sistema deôntico necessário à manutenção da realidade política. O fato de reconhecer a validade ou a aceitabilidade de uma função de *status*, ou, às vezes, de reconhecer simplesmente sua existência, dá ao agente uma razão de agir independente do desejo. Nunca é demais insistir sobre a importância desse fato. O que estamos procurando explicar é a diferença entre os humanos e os outros animais sociais. O primeiro passo na explicação dessa diferença consiste em identificar a realidade institucional. A realidade institucional é um sistema de funções de *status*, e essas funções de *status* são poderes deônticos. Portanto – e aí está o essencial – o reconhecimento de uma função de *status* por um agente consciente confere-lhe uma razão de agir que é independente de seus desejos imediatos. Este é um ponto importante em relação à questão da motivação. Eu não o desenvolverei detalhadamente, mas a ideia de base é a seguinte: uma vez que você reconhece que tem uma razão válida para fazer algo, ainda que não queira, no entanto, você tem uma razão para querer fazê-lo. Se você for obrigado, por exemplo, a chegar ao escritório às 9 horas da manhã, você tem uma razão para fazê-lo, mesmo que de manhã não tenha vontade. Da mesma forma, no caso da sociedade humana, e contrariamente às sociedades animais, as razões podem motivar os desejos, e nem todas as razões procedem de desejos.

A promessa é um bom exemplo disso. Eu lhe prometo algo e por isso mesmo crio uma razão de agir de acordo com promessa, que é independente do desejo. Todavia, é importante observar que, em relação à realidade política, não temos necessidade de explicitamente construir ou criar razões de agir independentes do desejo, como ocorre quando fazemos promessas ou assumimos qualquer outro compromisso. O simples fato de reconhecer um conjunto de fatos institucionais como válido ou obrigatório cria razões de agir independentes do desejo.

Compreenderemos melhor essa ideia ao observar as relações lógicas entre o poder político e a liderança política. Em termos simplistas, o poder corresponde à capacidade de obrigar os outros a fazer algo, queiram eles ou não. A liderança corresponde à capacidade de dar-lhes a vontade de fazer algo que, do contrário, eles não fariam. Desse modo, em relação ao poder político, pessoas diferentes que ocupam a mesma posição podem ter uma eficácia diferente porque uma é um líder eficaz e a outra não. Em relação ao poder deôntico, elas têm a mesma posição oficial, mas posições efetivas diferente.

Assim, Roosevelt e Carter tiveram os mesmos poderes deônticos oficiais – ambos eram presidentes dos Estados Unidos e líderes do partido democrata – mas Roosevelt foi muito mais eficaz porque dispôs de um excesso de poder deôntico em relação ao poder que lhe era conferido pela Constituição. Esta faculdade intervém na definição da liderança política. Além disso, constata-se que um líder efetivo continua a exercer poder e mantém uma função de *status* informal mesmo após ter deixado seu posto.

3. Como todo poder político é uma questão de funções de *status*, todo poder político vem de baixo. O fato de o sistema de funções de *status* exigir um reconhecimento coletivo faz que todo poder político autêntico venha da base. Isso é tão verdadeiro no caso das ditaduras quanto no das democracias. Hitler e Stalin, por exemplo, eram ambos obcecados pelas questões de segurança. Eles nunca se convenceram de que o sistema de funções de *status* tinha sido aceito, que fazia parte da realidade. Ele tinha de ser continuamente mantido por um sistema de recompensas e punições, assim como pelo terror. O acontecimento político mais mar-

cante da segunda metade do século XX foi a queda do comunismo, que aconteceu quando a estrutura da intencionalidade coletiva não foi mais capaz de manter o sistema das funções de *status*. Em proporções diferentes, a eliminação do *apartheid* na África do Sul também foi uma queda comparável das funções de *status*.

4. Estar na origem de qualquer poder político, em virtude de sua contribuição na elaboração da intencionalidade coletiva, não impede que o indivíduo se sinta impotente. De fato, ele sente que os poderes locais independem dele. Por isso é tão importante para os revolucionários introduzir uma forma de intencionalidade coletiva: a consciência de classe, a identificação com o proletariado, a solidariedade estudantil, a tomada de consciência das mulheres ou algo do gênero. É porque a estrutura inteira se apoia na intencionalidade coletiva que sua destruição é conseguida ao se criar uma forma alternativa e oposta de intencionalidade coletiva.

5. Disse que o poder político era, sem exceção, um poder deôntico. É sempre uma questão de direitos, deveres, obrigações,

autorizações, permissões e assim por diante. Como esses poderes são deônticos, eles são constituídos linguisticamente, o que nos obriga a explicá-los melhor.

O fato de George W. Bush ser presidente tem, em relação ao fato de estar chovendo, uma estrutura lógica completamente diferente. O fato de estar chovendo caracteriza-se por gotas d'água que caem do céu e condições relativas à meteorologia. Porém, o fato de George W. Bush ser presidente não é um fenômeno natural desse tipo. É o resultado de um conjunto complexo de fenômenos explicitamente verbais, que não pode existir fora da linguagem. O elemento essencial está em que as pessoas o considerem e aceitem na qualidade de presidente, e que, consequentemente, aceitem todo um sistema de poderes deônticos que procede dessa aceitação inicial. As funções de *status* só podem existir se forem representadas como existentes; é preciso que haja um modo de representação e esse modo é, como regra geral, linguístico. Desde que se trate de funções de *status* políticas, esse modo é necessariamente linguístico. Aqueles que controlam a linguagem controlam o poder.

É importante ressaltar que o conteúdo da representação não tem de corresponder exatamente ao conteúdo real da estrutura lógica do poder deôntico. Por exemplo, para que Bush seja presidente, as pessoas não têm de pensar: "Nós lhe atribuímos uma função de *status* seguindo a fórmula X equivalente a Y em C", mesmo que seja exatamente isso que elas tenham feito. Mas é preciso que elas estejam em condição de pensar algo, como, por exemplo, "ele é presidente", e esses pensamentos são suficientes para manter a função de *status*.

6. Eu disse que daria as *differentia* que distinguem os fatos políticos de outros tipos de fatos sociais e institucionais. Mas a ontologia que eu apresentei até aqui poderia ser aplicada a estruturas não políticas, como as religiões ou os esportes organizados. Elas implicam igualmente formas de função de *status* e, por conseguinte, formas coletivas de poderes deônticos. O que há de específico no conceito do político entre esses modos de sistemas de poderes deônticos? Inicialmente, o conceito do político invoca um conceito de conflito de grupo (uma ideia adiantada por Carl Schmitt).

Mas nem todo conflito de grupo é político. Encontramos, por exemplo, conflitos de grupo nos esportes organizados. A essência do conflito político é relativa aos bens sociais, entre os quais, sobretudo, os poderes deônticos. Assim, o direito ao aborto, por exemplo, é um problema político porque implica um poder deôntico.

7. Desenvolvi o conceito de função de *status* em meu livro *The Construction of Social Reality*. Desenvolvi as razões de agir independentes do desejo nas conferências Nicod que proferi em Paris, ao longo de 2000, no Collège de France. Essas conferências foram publicadas em inglês, sob uma forma mais elaborada em meu livro *Rationality in Action* (2001). Entretanto, quando proferi as conferências Nicod e redigi o livro, não tinha levado em conta o fato de que algo podia ser uma razão de agir independente do desejo sem ter sido concebida dessa maneira pelo agente. Mas se justamente aproximarmos as duas noções, chegaremos à conclusão de que as funções de *status* descritas em *The Construction* são precisamente razões de agir independentes do desejo. Daí decorre que o reconhecimento das funções de *status*

em que se fundamenta o poder político é o próprio reconhecimento das/de razões de agir independentes do desejo, que não foram criadas pelo agente. O que é verdadeiramente notável é que todo o sistema social está fundamentado na capacidade dos agentes humanos de reconhecer razões de agir independentes do desejo e de agir em nome delas.

8. Até aqui, preocupei-me com a estrutura lógica da ontologia das funções de *status*. Mas como as justificamos? O que torna um sistema aceitável? O que faz um sistema melhor do que outro? Essas questões são questões da filosofia política tradicional, e deixei-as de lado deliberadamente. Não acredito que seja possível tratar seriamente a questão da justificação antes de ter compreendido perfeitamente a ontologia das entidades em questão. Max Weber identificou três tipos célebres de "legitimação": o tradicional, o carismático e o racional. Hoje somos muitos os que pensam que apenas uma justificação racional de um sistema político é racionalmente aceitável. Porém, surpreendo-me que esses sistemas funcionem tanto melhor sem que nenhuma questão de legitimação ou de justificação seja feita, e que a

existência e a estrutura do sistema sejam tomadas pelo dinheiro como parte integrante do *background*. A desvantagem em tratar o sistema de funções de *status* simplesmente como um dado é que as injustiças permanecem perpetuadas indefinidamente, porque não são examinadas nem analisadas. A dominação das mulheres, que ainda continua a existir nas sociedades tradicionais, é um bom exemplo. É importante destacar que o projeto engajado aqui se distingue da filosofia política tradicional. Nessa tradição, a meu ver, é John Rawls que demonstra uma melhor percepção da justificação racional, assim como toda a abordagem que ele inspirou. Entretanto, considero que esses trabalhos devam continuar. Eles devem se articular a uma teoria da ontologia social muito mais rica do que aquela que Rawls dispunha no momento em que ele escreveu *A Theory of Justice* [Uma teoria da justiça].[3]

9. Assim como não levei em consideração a questão da legitimação política, ignorei

---

3 RAWLS, John. *A Theory os Justice*. Cambridge, Mass.: Harvard University Press, 1971. (Ed. brasileira: *Uma teoria da justiça*. São Paulo: Martins Fontes, 2002.) (N.E.)

igualmente os problemas tradicionais da mudança social. Mas, creio que há um princípio de explicação da mudança social e política na minha ontologia. As mudanças capitais implicam sempre um movimento brusco no sistema das funções atribuídas. É o princípio das revoluções. Elas implicam igualmente transformações no *background*, que não discuti aqui. A mecânica da mudança social exige, de maneira característica, que recorramos a certas predisposições do *background*. Portanto, os cenários tradicionais de apelo à revolução, à liberação, ao socialismo etc. são invocações das predisposições do *background* suscetíveis de induzir transformações na distribuição das funções de *status*.

SOBRE O LIVRO

Formato: 11,7 x 19 cm
Mancha: 18 x 32,5 paicas
Tipologia: Goudy Modern
Papel: Pólen Soft 80 g/m² (miolo)
ColorPlus TX Marfim Cotelê 240 g/m² (capa)

1ª edição: 2007
1ª reimpressão: 2012

EQUIPE DE REALIZAÇÃO

Preparação de texto
Adriana Oliveira

Revisão
Andréa Schweitzer
Casa de Ideias (Atualização Ortográfica)

Editoração Eletrônica
Casa de Ideias (Diagramação)